EXPLORANDO PAÍSES

COSTA RICA

De Tracy Vonder Brink
Traducción de Santiago Ochoa

ÍNDICE

Un libro de El Semillero de Crabtree

CRABTREE
Publishing Company
www.crabtreebooks.com

Apoyo escolar para cuidadores y profesores

Este libro ayuda a los niños a crecer al permitirles practicar la lectura. A continuación se presentan algunas preguntas orientativas para ayudar al lector a desarrollar su capacidad de comprensión. Las posibles respuestas que aparecen aquí están en color rojo.

Antes de leer:

• ¿De qué creo que trata este libro?
  • *Creo que este libro trata sobre Costa Rica.*
  • *Creo que este libro trata sobre las playas de Costa Rica.*

• ¿Qué quiero aprender sobre este tema?
  • *Quiero aprender sobre los animales que viven en Costa Rica.*
  • *Quiero aprender sobre las actividades de la gente en Costa Rica.*

Durante la lectura:

• Me pregunto por qué...
  • *Me pregunto por qué hay volcanes en Costa Rica.*
  • *Me pregunto por qué hay tantas selvas en Costa Rica.*

• ¿Qué he aprendido hasta ahora?
  • *He aprendido que San José es la capital de Costa Rica.*
  • *He aprendido que los jaguares son los felinos salvajes más grandes de Costa Rica.*

Después de leer:

• ¿Qué detalles he aprendido sobre este tema?
  • *He aprendido que Costa Rica está en Centroamérica.*
  • *He aprendido que San José tiene más de 200 años.*

• Vuelve a leer el libro y busca las palabras del glosario.
  • *Veo la palabra **capital** en la página 4 y las palabras **hizo erupción** en la página 18. Las otras palabras del glosario se encuentran en las páginas 22 y 23.*

Costa Rica es un país pequeño.

Queda en **Centroamérica.**

San José es la **capital** de Costa Rica.

La ciudad tiene más de 200 años.

San José

En Costa Rica la mayoría de la gente habla español.

San José tiene un gran mercado.

Allí, las personas compran alimentos, ropa y otros productos.

Costa Rica tiene muchas selvas.

Las selvas cubren más de la
mitad del territorio del país.

Estas selvas son importantes para la Tierra.

Absorben un gas llamado **dióxido de carbono**.

Las fábricas y los autos emiten dióxido de carbono a medida que queman combustible.

Las selvas devuelven el oxígeno que respiran las personas y los animales.

Las **selvas tropicales** son el hogar de muchos animales.

Las guacamayas rojas
vuelan de árbol en árbol.

Los jaguares cazan
en la oscuridad.

Son los felinos salvajes más
grandes de Costa Rica.

Los jaguares cazan en la tierra y en el agua. Se alimentan de ciervos, peces y muchos otros animales.

Costa Rica tiene cascadas muy bonitas.

Una de ellas se llama La Paz.

Costa Rica tiene más de 60 volcanes.

El volcán Arenal **hizo erupción** muchas veces.

Ahora está inactivo.

Las playas bordean la **costa**.

Su arena es blanca y suave.

¡En Costa Rica hay mucho que ver!

Glosario

capital: La ciudad donde se encuentra el gobierno de un país o Estado.

Centroamérica: La región situada entre México y Sudamérica.

costa: La franja de tierra situada junto al océano o al mar.

dióxido de carbono: Un gas que se produce cuando las personas y los animales exhalan o cuando se queman algunos combustibles.

hizo erupción: De repente expulsó lava, cenizas, rocas u otros materiales.

selvas tropicales: Bosques densos en los que llueve en grandes cantidades.

Índice analítico

Acerca de la autora

Tracy Vonder Brink

A Tracy Vonder Brink le encanta visitar lugares nuevos. Nunca ha estado en Costa Rica, pero ha leído mucho sobre las selvas tropicales. Vive en Cincinnati con su esposo, sus dos hijas y dos perros de rescate.

CRABTREE
Publishing Company

Written by: Tracy Vonder Brink
Designed by: Under the Oaks Media
Proofreader: Janine Deschenes
Translation to Spanish: Santiago Ochoa
Spanish-language Copyediting and Proofreading: Base Tres

Photographs:
Shutterstock: DeLoyd Huenink: cover; Vlad Ispas: p. 3; mbrand85: p. 5; Inspired by maps: p. 7; Simon Dannhauer: p. 9; Cocos. Bounty: p. 10-11; Artem Oleshko: p. 10; gary yim: p. 12; G-Arbul: p. 13; Jamen Percy: p. 15; Dmitry Burlakov: p. 17; Bos11: p. 18-19; Tami Feed: p. 21

Library and Archives Canadá
Cataloguing in Publication
CIP available at Library and Archives Canadá

Library of Congress Cataloging-in-Publication Data
CIP available at Library of Congress

Crabtree Publishing Company

www.crabtreebooks.com   1-800-387-7650

Copyright © 2023 **CRABTREE PUBLISHING COMPANY**   Printed in the USA/062022/CG20220124

Published in the United States
Crabtree Publishing
347 Fifth Avenue, Suite 1402-145
New York, NY, 10016

Published in Canadá
Crabtree Publishing
616 Welland Ave.
St. Catharines, Ontario L2M 5V6